L'ART

ET

L'ARCHÉOLOGIE

SALON DE 1852

PAR

ADOLPHE BREULIER

> « ... L'art s'appuie donc sur la science, elle en est l'indispensable flambeau. Il ne saurait y avoir d'art sans science ; l'art résultant d'une connaissance ou d'un sentiment [de ce qui est l'ordre et le beau. Puisqu'il n'y a point de vie sans ordre, c'est donc justement que nous avons défini l'art : l'expression et la peinture de la vie en vue de l'idéal. »
>
> ÉDOUARD DE POMPERY. *Principes d'une science esthétique*.

(Extrait de la *Revue Archéologique*, IXe année.)

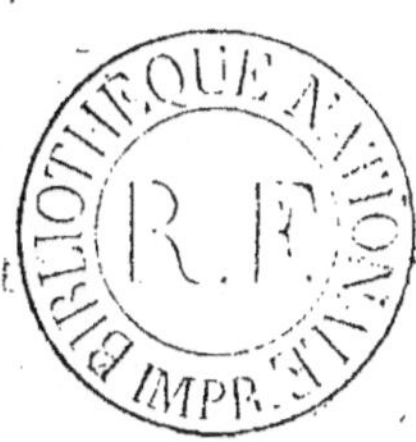

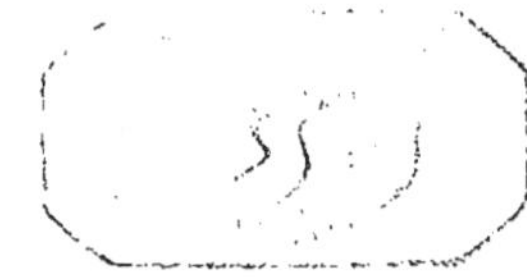

PARIS

A. LELEUX, LIBRAIRE

ÉDITEUR DE LA REVUE ARCHÉOLOGIQUE

RUE DES POITEVINS, N° 11

1852

L'ART ET L'ARCHÉOLOGIE.

SALON DE 1852.

Nous ne reviendrons pas ici sur la question de l'utilité et de la convenance de l'examen archéologique des œuvres annuellement exposées au Salon par les artistes. Un des plus éminents collaborateurs de la *Revue*, un homme qui réunit à un degré remarquable le sentiment de l'art et les connaissances multiples de la science archéologique, M. A. de Longpérier, dans son excellent article sur le Salon de 1845 (1), a, le premier, établi d'une manière irréfutable le droit appartenant à cette science de juger, à son point de vue particulier, les travaux artistiques. De plus, cet antiquaire et ceux qui depuis ont rempli la même mission (2), ont prouvé, par leurs jugements mêmes, et leur compétence personnelle et l'opportunité de leur intervention.

On doit recommander, disons plus, on doit imposer aux artistes, dans une certaine mesure, la science archéologique, dans leur propre intérêt et dans celui du public. En effet, sous le premier rapport, n'est-il pas évident qu'à une époque où toutes les connaissances historiques ont pris un immense développement, les artistes ignorants nuisent eux-mêmes à l'effet que leurs œuvres sont destinées à produire sur cette portion du public dont ils recherchent, avant tout, l'approbation. Quel que puisse être le charme des lignes et de la couleur, si les accessoires d'un tableau ou d'une sculpture choquent les hommes éclairés, leur esprit se refuse à subir l'impression voulue par le peintre ou le statuaire et la modifie souvent d'une manière étrange et fâcheuse. Là où l'artiste avait cru faire ressentir aux spectateurs la sensation de l'effroi ou le sentiment de la pitié, il excite des mouvements tout contraires, et voit, avec un douloureux désappointement, éclater le rire sur ces visages qu'il s'imaginait inonder de larmes. Quel effet produiraient aujourd'hui sur nous les chefs-d'œuvre tragiques

(1) *Revue archéologique*, 2e année, p. 56.
(2) Voir notamment *Revue archéologique*, 8e année, p. 65. *Art. de M. Vinet.*

de Racine et de Corneille, exécutés par des acteurs en perruque et
à paniers ? Le farouche More de Shakespeare rugirait, maintenant,
d'une façon très-divertissante sous le costume d'un des Turcs de
Molière, et il nous serait impossible de ne pas manquer de respect
au grand César, si son accoutrement scénique venait à rappeler,
même de loin, les réjouissantes *restitutions* antiques de Daumier.

Il existe d'ailleurs entre les mœurs, les faits, les monuments et les
costumes de chaque pays et de chaque époque, jusque dans les
moindres détails, une harmonie réelle dont il ne faut pas mécon-
naître la puissance, qui constitue une seconde *nature* à l'étude de
laquelle l'artiste ne doit pas non plus rester étranger.

D'un autre côté, l'art n'a pas seulement pour but de charmer les
yeux, il doit encore instruire le peuple ; et c'est là le point le plus
élevé de sa mission. Suivant les anciens docteurs français, les peintures qui couvraient entièrement l'intérieur des premiers temples du
moyen âge avaient un double objet, instruire le peuple et embellir
le monument : *ob pulchritudinem et recordationem* (1), et en 1025,
le synode d'Arras déclarait que ces peintures étaient *le livre des
illettrés* (2). C'est encore aujourd'hui, par les toiles et les marbres
placés dans les musées permanents et dans les expositions annuelles,
que le peuple apprend l'histoire et connaît les actions des grands
hommes, dont l'exemple élève l'âme et suscite l'imitation. Sous ce
rapport, il est donc important aussi de présenter les hommes et les
choses sous leur véritable aspect aux yeux et à l'esprit du peuple ; et
comment les artistes le pourraient-ils faire s'ils ignorent eux-mêmes
toutes ces particularités, accessoires si l'on veut, mais importantes,
dont nous parlions tout à l'heure, et qui dans tous les pays, dans
tous les temps, s'incorporent d'une manière si intime à la vie des
races diverses et des différentes générations ?

Nous ne voudrions cependant rien exagérer. Ce que nous disons
doit être entendu avec de raisonnables restrictions. Si nous exigions
des artistes qu'ils devinssent des archéologues consommés, ils pour-
raient, à leur tour, demander aux savants de se faire peintres ou
sculpteurs de profession, ce qui, de part et d'autre, n'est pas absolument nécessaire et n'est guère possible ni désirable. Nous voulons
seulement que les hommes d'art ne restent pas étrangers à la science ;
qu'ils en possèdent la clef pour pouvoir, au moment opportun, y

______

(1) Jonas, *de cultu imag.*, l. I. Cf. Émeric David, *Hist. de la peint.*, p. 68.
(2) *Synod. Attr.*, c. III.

puiser, avec discernement, les renseignements nécessaires à l'accomplissement harmonieux et complet de leurs œuvres ; comme nous recommandons aussi aux hommes de science de chercher, de leur côté, à acquérir le sentiment vrai de l'art, à éclairer leur goût par la fréquentation des artistes, par l'étude de leurs productions et de leurs procédés.

Dans le coup d'œil, malheureusement trop rapide, que nous allons jeter sur le nouveau Salon, au point de vue spécial de la *Revue*, nous tâcherons, sans être faible, de nous abstenir de tout excès de sévérité ; d'ailleurs, dans cette tâche nouvelle pour nous et rendue si difficile par nos savants devanciers, nous avons personnellement trop besoin d'indulgence pour n'en pas témoigner aux autres.

Le Salon de 1852 présente à la critique un nombre d'œuvres bien moins considérable que les expositions précédentes ; le livret s'arrête au n° 1757 ; on en avait inscrit 3952 en 1850. La mesure restrictive, qu'on a spirituellement appelée *la règle de trois*, a moins contribué à ce résultat que la sévérité, quelquefois un peu capricieuse, du jury, énergiquement stimulée par l'exiguïté de l'emplacement attribué cette année à l'exposition.

On doit louer du reste la nouvelle disposition, grâce à laquelle les œuvres du même artiste, au lieu d'être disséminées dans les diverses galeries, sont le plus souvent rapprochées les unes des autres pour faciliter la comparaison et l'étude.

L'exposition actuelle ne présente pas d'œuvres capitales, du moins pour la peinture. Elle ne paraît pas destinée à passionner le public ; la plupart des grands représentants des diverses écoles sont absents de la lutte : les uns, absorbés par des travaux publics ou particuliers, les autres retirés dans leur tente comme Achille. C'est en vain que l'on chercherait au Salon les noms de Delacroix, Ingres, Decamps, Diaz, Robert Fleury, Gleyre, Ary Scheffer, Isabey, Ziégler, Rosa Bonheur, etc.

Néanmoins, et surtout pour l'observateur qui n'est pas resserré comme nous dans les limites étroites d'une spécialité, le Salon de 1852 présente un nombre raisonnable d'œuvres dignes d'intérêt. Au surplus, avant de juger l'exposition dans son ensemble, examinons-en les détails.

En pénétrant dans le Salon carré, l'amateur archéologue arrêtera probablement ses premiers regards sur l'envoi de Rome (le *Protésilas*) de M. Benouville ; mais, après avoir accordé un succès d'estime à cette étude académique, et donné aussi des éloges mérités aux dé tails de la peinture habile, à l'ensemble de la composition calme du *saint Bonaventure* de M. Jacquand, il sentira le besoin de quelques émotions plus vives et rencontrera tout à point le grand tableau de M. Glaize, *les Femmes gauloises.* Il y a dans cette toile une entente, selon nous trop contestée, du groupe et de la lumière; l'expression un peu violente produit un effet saisissant. Ce sont bien là les énergiques et blanches femmes de la Gaule, jetant ces cris sauvages qui étonnèrent tant de fois les Romains; réunies pour mourir, elles égorgent d'abord elles-mêmes leurs enfants pour les sauver de l'esclavage. Tous les accessoires, les lourds chariots de guerre à roues pleines ou à jantes massives, les gais acérés, les boucliers de planches sont parfaitement étudiés. Le guerrier gaulois blessé, à demi couché au premier plan, est magistralement peint. Il est vêtu des braies nationales et sa main est armée d'une large et lourde épée, dont le tranchant émoussé par la lutte rappelle bien ces armes imparfaites, qui servaient si mal le bouillant courage de nos pères, et dont parle Polybe; « leur épée, dit-il, qui ne frappait que de taille, était de si mauvaise trempe que le premier coup la faisait plier, et tandis que les soldats gaulois perdaient leur temps à la redresser avec le pied, les Romains les égorgeaient. (1) » Nous louerons moins l'homme à cheval qui massacre des femmes à coups de hache; l'artiste s'est évidemment trop préoccupé de donner à ce personnage le rôle de repoussoir de premier plan; il est si noir que ce ne peut pas être un Romain d'Italie; il faut supposer qu'il appartient à quelqu'une des légions étrangères et barbares incorporées dans l'armée romaine, et même après cette supposition, on le trouvera encore affreusement rôti.

Une *bacchanale* est un sujet rempli d'embûches que, malgré tout son talent, M. Brune n'a pas évitées; toutes ces femmes charnues, réjouies de leur nudité, manquent absolument de la dignité antique; tout le côté religieux est effacé, et vous n'avez plus que le spectacle d'une orgie de mauvais goût. Les grands maîtres, notre Poussin entre autres, ont compris différemment des sujets analogues.

Passons rapidement devant la toile blafarde de M. Duval Lecamus fils, représentant *saint Cosme et saint Damien guérissant des malades;* mais ne quittons pas le grand salon sans remarquer le charmant petit tableau de M. Mathieu : *intérieur de l'église Saint-Laurent de Nuremberg, maison mystique d'Adam Krafft;* tous les ri-

(1) Polybe, l. Ier, p. 118-120.

ches détails de l'architecture gothique, les jeux de la lumière dans les éblouissants vitraux de l'abside, sont admirablement rendus.

Dans la seconde salle du rez-de-chaussée, le premier tableau qui s'empare de l'attention publique est celui où M. Gallait, l'artiste belge, a représenté *les derniers honneurs* rendus aux infortunés comtes d'Egmont et de Horn. — Ce morceau ne brille pas par l'originalité. Nous retrouvons là le dessin, la manière de Delaroche et la couleur de Robert Fleury ; mais cette œuvre, assurément remarquable, montre une habileté d'exécution peu commune. Les têtes des suppliciés sont d'une vérité terrible ; les figures des soldats espagnols sont pleines d'arrogance, et celles des arbalétriers du grand serment présentent tous les degrés de la douleur contenue. L'indifférence ascétique du jeune clerc qui allume les cierges est d'une observation profonde. — Enfin, tous les costumes sont exécutés avec un soin minutieux et une grande exactitude. Le ton général est chaud et vigoureux ; on peut seulement reprocher à cette toile de manquer d'air et d'espace.

Toutes les formules d'éloge ont été épuisées depuis longtemps à propos de M. Meissonnier. Si l'on voulait transporter dans la peinture la dénomination donnée dans le moyen âge à une certaine pléiade d'excellents artistes graveurs, on pourrait appeler M. Meissonnier le *petit maître* ; petit, quant à la dimension de ses cadres, bien entendu, car il est vraiment grand pour le reste. L'*homme choisissant son épée*, le *jeune homme travaillant* et les *Bravi* se disputent le public, indécis comme le beau Pâris devant les grâces de ces trois petits chefs-d'œuvre. Les *Bravi* sont d'adorables chenapans du XVIe siècle, bien joliment déguenillés, porteurs de rouillardes curieuses, d'un travail et d'une vérité à faire pâmer d'aise un antiquaire. Comment ne pas admirer encore le beau ton de chêne de la grande porte renaissance, contre laquelle ces gredins Lilliputiens font le guet, et qu'ils vont peut-être tacher de sang tout à l'heure !

Nous aimons moins le *Tibère*, couleur pain d'épice, couronné de fleurs artificielles, se vautrant à Caprée sur des femmes de carton. Cependant la petite esclave à genoux au premier plan, et qui lave les vilains pieds du tyran, est charmante, et en faveur de ce délicieux détail, nous pardonnerons bien volontiers à M. Gendron d'avoir mis des points sur les I de son inscription monumentale. C'est une précaution que prenaient rarement les anciens, mais que bien des modernes ne jugeront peut-être pas inutile.

Les *loisirs de Virgile*, par M. Léman, constituent un heureux petit sujet qu'on aime à voir et revoir malgré ses défauts. Le mouvement de la danseuse est harmonieux. On peut contempler à l'aise les gracieux contours de la Syrienne à travers son écharpe légère de *laine d'or*, voile fort peu discret, *ventus textilis, linea nebula*.... *vitrea*, vent tissu, verre et nuage, comme disaient Pétrone (1) et Varron. Malgré son air rêveur et un peu trop innocent, le chantre des amours d'Énée, qui paya par la composition de sa tragédie perdue de *Thyeste*, les faveurs de la femme de Varus, paraît, ainsi que ses amis, prendre grand plaisir au spectacle des pas et des charmes de l'hôtesse, au bruit de ces cymbales moins larges, plus creuses, par conséquent plus grêles de ton que les nôtres, et que le maëstro Berlioz a remises habilement en usage dans sa symphonie de *Roméo et Juliette*.

Les *Bohémiens à Paris*, de M. Marquis, méritent d'arrêter longtemps l'attention. Cette toile est remplie de charmants détails. Les hommes, les femmes, les bijoux, les étoffes, les costumes de l'Orient et de l'Occident y luttent de coloris et de vérité. C'est une ravissante étude du commencement du XVe siècle.

Nous n'aurions garde d'oublier M. Hamon et sa *Comédie humaine*. Le théâtre Guignol fait chambrée complète. Les anciens et les modernes s'y donnent rendez-vous. Les enfants et les dames sont au parterre et les *Romains* dans les couloirs. Que peut dire ici l'archéologue? Voilà un Bacchus, une Minerve et un Cupidon d'un style hasardé. La lanterne que porte Diogène est d'un aspect bien moderne; le philosophe avait, dans une circonstance que tous les collégiens connaissent, renoncé, bien longtemps avant sa mort, au luxe de la sébile, et la matrone quêteuse a un bien grand air de parenté avec la veuve Gibou. Il y a certes dans cette toile assez de jolies choses pour qu'on soit tenté d'en parler sérieusement, mais, cependant, nous ne sommes pas bien certain que l'artiste n'ait pas voulu mystifier quelque peu la critique. Le plus sûr pour nous est de sourire, en applaudissant avec réserve, et de passer prudemment à un autre.

Nous dirons donc à M. Bezard qu'il a commis dans les *sept sacrements* un singulier amalgame de tous les styles d'architectures romaine, byzantine, romane, gothique, etc., et que dans ce temple hybride on ne bénit ni à la manière grecque ni suivant le mode latin.

M. Pierre Girard a exposé deux belles vues du temple de Pæstum, d'un ton chaud et d'un dessin vigoureux.

____

(1) Pétr., chap. LV.

M. Belliveaux s'est *inspiré* des bucoliques pour son *Silène captif*.

> « Bergers, brisez ma chaîne,
> Dit-il, c'est bien assez d'avoir surpris Silène.
> Je vais chanter des vers ; les vers seront pour vous.
> Toi, je te garde, Églé, quelque entretien plus doux. »

Plaignons les bergers, plaignons Églé, plaignons Virgile, Delille et M. Belliveaux !

Charles IX et sa cour visitant le gibet de Montfaucon, par M. Leray, est une étude pleine de coloris et de finesse, et d'une merveilleuse exactitude de costumes. On en peut presque dire autant de la *Jeanne d'Albret chez le parfumeur de Catherine de Médicis*, tableau de M. Pierre-Charles Comte.

Une bonne étude aussi, et de dimension plus sérieuse, est la peinture de M. Labouchère, représentant le *colloque de Genève*. On peut reprocher à presque tous les personnages d'avoir l'air de trop songer qu'ils ne sont que des portraits, et de poser isolément devant le spectateur au lieu de causer ensemble de leurs affaires. Mais quelle solidité, quelle vérité de couleur dans les accessoires ! Le tapis vert râpé par l'usage et tournant au jaune, les vieux livres, le vieux sac et le fauteuil auquel il est accroché, sont peints avec une science irréprochable.

Il est pénible, en quittant la peinture, de finir par le *Christ chez Marthe et Marie*, de M. Chasseriau. M. Chasseriau est assurément un homme de grand talent que nous éprouvons quelque répugnance à blesser par une critique sévère, mais il est cependant impossible de ne pas protester devant une semblable erreur. Qui reconnaîtrait là le divin Jésus? l'artiste entend-il donc prendre parti contre les autres Pères de l'Église, pour saint Justin et saint Clément d'Alexandrie, qui prétendaient que le Christ avait dû se montrer aux hommes sous les formes de l'abjection et de la laideur (1)? Malheureuse opinion qui faisait triompher le païen Celse lorsqu'il s'écriait : « Jésus n'était pas beau, donc il n'était pas Dieu (2) ! » Vous nous objecterez que vous êtes *coloriste;* j'entends bien, mais cela ne suffit pas; et d'ailleurs, puisque nous sommes en train de citer les Pères de l'Église, nous vous répondrons avec saint Chrysostome : « on n'est pas grand artiste parce qu'on étale dans un tableau de nombreuses couleurs

(1) Saint Justin, *dialog. cum Tryphone,* c. LXXXV.—Saint Clem. Alex. *Pædag.,* l. III, c. I.
(2) Cels. *apud Origen. cont. Cels.,* l. VI, c. LXXV.

semblablès aux fleurs des prairies; l'habile peintre est celui qui nous présente des figures vraies, animées, parlantes (1)! »

Les productions de la sculpture sont disséminées dans toutes les salles et à tous les étages. Un des morceaux les plus considérables est le groupe de bronze de M. Courtet, *Centauresse et Faune*. Le mouvement en est vif, l'ordonnance gracieuse. Les anciens considéraient l'exécution de ces belles monstruosités comme extrêmement difficile. La partie la plus délicate était celle où le torse humain se marie à l'encolure hippique. Ici le statuaire a esquivé, en partie, la difficulté, si judicieusement appréciée par Lucien, Philostrate, Athénée, etc. (2), et se privant de la gloire qu'il eût acquise à la vaincre, il a entouré, au point le plus scabreux, le torse de la centauresse d'une guirlande de lierre.

Quant à la *Judith* de M. Poitevin, groupe en plâtre, à deux personnages et à trois têtes, que les mauvais plaisants intitulent les *malheurs d'un amant heureux*, elle a des yeux et un nez bien singuliers. Nous savons qu'elle était Juive. Mais.... ! l'esclave qui tient la tête de ce pauvre Holopherne est une assez bonne étude.

Pour la *Tragédie* de M. Clesinger, on devine et on excuse trop bien la préoccupation qui a empêché que sa statue fût la Melpomène antique. La vôtre, M. Clesinger, ne porterait certes pas la massue! Ces petits bras, ces délicates épaules ont l'énergie nerveuse du drame moderne, et non pas la puissance calme de la muse païenne. La tête et l'attitude sont, du reste, pleines de vie et de passion. La coiffure fait mauvais effet de profil, et les draperies sont trop lourdes.

En gagnant le premier étage, il est impossible de ne pas apercevoir le groupe de M. Ottin qui pare l'escalier du palais. *Acis et Galatée surpris par Polyphème*. Les deux amants sont bien posés, mais un peu maigres. L'attitude du géant est éclatante de vie. L'ensemble est sinon très-harmonieux, du moins satisfaisant, et ne déparerait certainement pas la fontaine du Luxembourg, au complément de laquelle l'artiste a songé en exécutant son œuvre. Quelques personnes imbues de cette opinion mythologique, la plus ordinaire, que le célèbre cyclope n'avait qu'un œil placé au milieu du front, sont déroutées par la sculpture de M. Ottin, qui a donné à son Polyphème les deux yeux que portent tous les simples mortels, en indiquant seulement par quelques rides très-vagues l'œil anormal et soi-disant

(1) St. Chrys. *ad Thed. Laps.*, l. I, c. xiii, t. I, p. 2.
(2) Lucien, *Zeuxis*, 6; Philostr. *imag.*, II, 2; Athen., XIV, 9.

unique du géant. M. Ottin a, suivant nous, pris le parti le plus convenable à la plastique et se trouvait suffisamment autorisé à trancher ainsi la question par la confusion qui règne à cet égard dans la science. D'après les peintures d'Herculanum, Polyphème avait trois yeux. Servius (1) était dans le doute le plus complet sur le nombre de ces organes et s'exprime ainsi : « Multi Polyphemum dicunt *unum* habuisse oculum, alii *duo*, alii *tres*; » enfin le docteur Jacobi dit, dans son Dictionnaire mythologique : « L'art a représenté les cyclopes avec un œil unique, au milieu du front, la place ordinaire des yeux étant cependant légèrement indiquée (2).

C'est avec tous les égards que l'on doit à un talent si élevé que nous dirons à M. Pradier que sa *Sapho* n'a pas produit en nous la même satisfaction que ses œuvres antérieures. L'attitude de cette statue est vraie, mais peu heureuse ; — le cou est roide et sans grâce; — mais que de beautés de détail ! Faut-il s'en étonner, quand on se trouve en face d'une production quelconque de l'inépuisable génie d'un tel maître?

Nous ne saurions dire trop de bien de la *Méditation* de M. Diebolt. Nous ne connaissons rien au Salon de plus simple et de plus harmonieux de lignes que cette délicieuse statue; marbre rêveur et candide qu'eût adoré la Grèce, et que ne peut manquer de couronner l'aréopage artistique de la moderne Athènes.

Le bronze de M. Lequesne, le *Faune dansant*, est une œuvre bien réussie. — La pose est hardie, vivante et légère.

Mentionnons encore, pour la sculpture, le projet de monument assez bizarre, l'espèce de tour de Babel que M. Fossin voudrait consacrer à la *Commémoration de l'exposition universelle de 1851*, — et l'*Aiguière et son plateau*, de M. Hayet. Nous retrouvons là toute l'histoire des amants mythologiques moulés par M. Ottin. On voit sur l'un des côtés du plateau le brave Polyphème, qui apporte naïvement les petits cadeaux (tantôt un ours, tantôt un éléphant) à l'aide desquels il espère intéresser Galatée à son amour; — puis il y a des tritons, des dauphins, et mille ravissants détails, que le Florentin Benvenuto n'eût pas dédaigné de ciseler amoureusement.

Dans la galerie de l'architecture, *qu'embellissent les roses* et mille autres fleurs naturelles, nous avons remarqué les patientes et consciencieuses études de MM. Denuelle et Questel sur l'*église Saint-*

____

(1) *Æneid.*, III.
(2) *Dict. myth.* de E. Jacobi, v° *Cyclopes.*

Paul de Nîmes, ainsi que les travaux de M. Hérard sur les *abbayes de l'ancien diocèse de Paris*, notamment sur l'*abbaye de Vaux de Cernay* (1), et le fac-simile pris à Thèbes par M. Paul Durand, des curieuses *esquisses égyptiennes* tracées sur les murs d'une salle, dans le tombeau du roi Seti Ier.

Une autre galerie expose à chacune de ses fenêtres des vitraux dont l'un, celui de l'*Incarnation*, dans le style du XVIe siècle, fait honneur au talent de M. Ledoux.

Le *saint Augustin* de M. Touzet mérite aussi des éloges.

Nous aimons moins, malgré leurs qualités de dessin, les vitraux de M. Lafaye représentant des *sujets de chasse*, etc. Le système *d'épargnés* disséminés sur le fond donne à son ouvrage l'aspect d'un vitrail dépeint, ou d'une toile brossée par un élève maladroit de M. Couture.

L'espace nous manque, et, même à notre point de vue spécial, nous avons été obligé d'omettre des œuvres que le public n'oubliera pas pour cela. — Ainsi, avant de finir, nous signalerons encore comme pouvant, à divers titres et à différents degrés, intéresser les archéologues; — dans la peinture: de M. Boisselier, le *temple antique en ruine*, et la *Vue de l'ancienne porte d'Ardon*; le *Charlemagne à Argenteuil*, de M. Bouterwek; — les vues des *Galeries de Florence*, par M. de Fournier; — *Pæstum*, de M. Gérome; — par M. Isambert, les *vases grecs*; — la *Scène de pillage*, due au pinceau de M. Tony Johannot; — le *Martyre de saint Gohard*, peint par M. Jolin; puis encore la *Vue générale de Rome*, commandée à M. Zung par le dépôt de la guerre; — le *Siège de Saint-Quentin*, de M. Laugée; — les *Athéniens esclaves à Syracuse*, de M. Pils; — la *Naissance du Christ* de M. Gosse; — le *Sardanapale* de M. Schopin; — les *Vitraux* de M. Thévenot; et enfin la vue de la *Bodleian library*, de M. Thiénon; — pour la sculpture: de M. Calmels, la *Naissance de la Vierge*; — de M. Eudes, un *Vercingétorix*; — l'*Enfance de Bacchus*, par Mme Noémie Constant; — le *Maître à tous*, de M. Dubray; — un *Vase en bronze*, dû à M. Ferrat, et mal fondu par M. Vittoz; — le buste de *Rembrandt*, de M. Oliva; — pour la gravure: *Saint-Étienne du Mont*, par M. Meryon; — eau-forte retouchée au crayon; — et le *portail de la cathédrale de Reims*, par M. Ribault.

Puis, que ceux dont nous avons parlé et ceux dont nous n'avons rien dit, veuillent bien nous absoudre.

---

(1) Voy. *Revue archéologique*, 7e année, p. 717 et pl. 156, l'article de M. Guenebault relatif aux travaux de M. Hérard, sur l'abbaye de Maubuisson.

Et maintenant, notre tâche particulière ainsi accomplie, faut-il, au bruit de la porte du Salon de 1852 qui va se fermer derrière nous, prononcer, comme plusieurs grands critiques ont cru devoir le faire, l'oraison funèbre de l'art? L'art est mort! a dit l'un; — la grande peinture est morte! a dit l'autre; — le progrès de l'art est une chimère! s'est écrié un troisième. Rien de tout cela n'est juste, suivant nous. Ces paroles sont en outre imprudentes, et les prononcer à propos de l'exposition actuelle, c'est commettre, d'ailleurs, une ingratitude.

Est-ce que de grands artistes n'ont pas achevé récemment et n'exécutent pas encore, à l'heure qu'il est, de grands et d'admirables travaux dans nos temples et nos palais? — Est-ce que l'art peut mourir? L'expression de l'idéal n'est-elle pas un besoin toujours vivant de l'homme, et dont les manifestations varient suivant chaque temps, chaque contrée et chaque artiste? — Et quand il serait vrai que l'art n'est pas susceptible de progrès indéfini, serait-ce une raison pour ne pas continuer de cultiver ces fleurs, dont le parfum et la beauté immortels, toujours les mêmes, sont depuis les premiers âges, et feront jusqu'à la fin du monde la joie et l'amour des générations humaines? Parce que Zeuxis et Phidias ont les premiers peint et sculpté des chefs-d'œuvre, fallait-il étouffer dans leur germe ceux de Raphaël, du Poussin et de Canova?

Ne décourageons donc pas les artistes; ne leur persuadons pas que leur rôle est fini dans le monde; que leurs œuvres sont des superfluités que l'indifférence ou le sérieux du siècle délaisse, et que leurs mains dégénérées ne savent même plus créer dans les conditions de beauté qui les doivent distinguer des productions banales et hâtives de l'industrie. Non, tout cela n'est pas vrai. Artistes, votre mission est toujours sainte, votre action toujours puissante; la foule, quoi qu'on fasse, peuple et lettrés, n'a pas cessé d'accourir à votre appel, et si le monde vous vient, c'est qu'il a encore besoin de vous. — Le nouvel écrin que vous venez d'ouvrir devant ses yeux contient assez de perles précieuses pour qu'on ne s'empresse pas de le refermer avec dédain, et la France doit s'enorgueillir de ce que vous ayez pu étaler encore d'aussi grandes richesses, quand tant de maîtres absents n'ont pas apporté leur tribut.

DE L'IMPRIMERIE DE CRAPELET, RUE DE VAUGIRARD, 9.

204

www.ingramcontent.com/pod-product-compliance
Lightning Source LLC
Chambersburg PA
CBHW051410060726
47596CB00005B/2154